vizinhança tensa

vizinhança tensa

kinha

ilustrações de
Mona Shikida

MOINHOS

© Editora Moinhos, 2018.
© Kinha Pérez, 2018.

Edição: Camila Araujo & Nathan Matos

Assistente Editorial: Sérgio Ricardo

Revisão, Diagramação e Projeto Gráfico: LiteraturaBr Editorial

Preparação de texto: Maitê Casacchi

Ilustrações: Mona Shikida

Capa: Sérgio Ricardo

Dados Internacionais de Catalogação na Publicação (CIP) de acordo com ISBD

P438v
Perez, Kinha
Vizinhança tensa / Kinha Perez ; ilustrado por Mona Shikida. - Belo Horizonte, MG : Substância, 2018.
108 p. ; 14cm x 21cm.
ISBN: 978-85-45557-59-3
1. Literatura brasileira. 2. Contos. I. Shikida, Mona. II. Título.
2018-1619
                    CDD 869.8992301
                    CDU 821.134.3(81)-34

Elaborado por Vagner Rodolfo da Silva - CRB-8/9410

Índice para catálogo sistemático:
Literatura brasileira: Contos 869.8992301
Literatura brasileira: Contos 821.134.3(81)-34

Todos os direitos desta edição reservados à Editora Moinhos
editoramoinhos.com.br | contato@editoramoinhos.com.br

sumário

9	Prefácio... ou A língua da confissão
13	¿Diez pasos entre qué y qué?
14	Sobre el insomnio, cremas y olores
16	O inverso-do-anti-qualquer-uma ou uma peculiar teoria os conjuntos
18	Señorita Troncoso: horóscopo personalizado
19	Lelya Melódica: horóscopo personalizado
20	Trânsito pessoal
21	Fiesta de disfraces: sketch cibernético-latinoamericano
24	Enquanto isso no cinema...
26	Três comentários tri-viais
27	O cortejo
28	Ir ver ciência
29	Haikai caipira
30	Erasmo Carlos e o Facebook
31	E todas passaram dos 30
33	Primer movimiento: deliciosa impertinencia (Allegro ma non troppo)
35	Segundo movimiento: amor de inodoro (Allegrissimo)
37	Rebequinha, meu des(a)tino
38	Pujança materna
39	Dentro fora
40	Francesca-Furacão
41	Garantía
42	Ecuador
43	Apat(r)ia
44	Por que (no) hablamos de cejas
45	El casi romance entre un corazón de plata y uno de vidrio
48	De los amigos que se van, de la voz que llega
50	Basura, chocolates y ninguna carta de amor
52	Nuevo. De nuevo
53	De pibe a vato: América Latina num suspiro
54	Ela escolheu a realidade das contagens de estoque
56	Coseno
58	Mood

59	Colombia
61	Meta
62	Dilúvio
63	Flujo
64	Fosse
65	Espetáculo
67	Separação
68	La Caja de Pandora
73	Festa de aniversário
74	Já era
75	Sur
76	Previsão de seca
77	Ventura
78	Da fauna de Viveros
79	Singular
80	Amor-maré
82	Ainda sobre o iPod...
83	Tierno
84	Gigante
85	Aos berros no auditório
86	A volta completa
87	Prosa
89	Poeminha pro Fidelix
90	Notas daquele sonho vermelho
92	Sílvio
93	Século XXI, sábado à noite
94	Salvaje
95	Nova era
96	Approach
97	Auto da Compadre Sida (poemário trans)
98	(Fora de) propósito
99	Copia
100	Bálsamo
101	Portuñol
102	Ya
103	Crush
104	Calavera de Knita
105	Body art
106	Junino
107	Re-verso

*Este livro só virou livro graças à impiedosa caneta da super Maitê Casacchi, que, com amor e carinho, editou um vendaval de notas soltas e mal escritas e as transformou em texto legível.
Valeu, Maitequinha linda!*

E obrigadão, Moninha, pelas ilustrações lindas – e obrigada de coração por incentivar e ser cúmplice das minhas loucuras dos 7 aos 70 anos e além (que alívio que já ficou pra trás o sanduíche de paçoca).

Prefácio... ou A língua da confissão

Não é mole isso de ser estrangeiro. Não falta quem diga que saímos por conta própria, não somos nem da geração do forçoso exílio político e menos fruto do êxodo econômico noventero. Ter saído do Brasil por gosto, para pisar mais firme e entrar de vez na aventura latina não alivia a barra de ser sempre estrangeiro ni tantito. Por mais que me sinta em casa no México, porque fiz daqui meu lar, é impossível afastar a sensação de nunca encaixar, de estar sem pertencer. Como a maldição do quebra-cabeça com cinco peças de canto: feito à medida para a impossibilidade de estar completo. Ou como jogo de coordenação motora fina para bebês, onde cada peça geométrica tridimensional tem que entrar numa fresta específica, mas a criança cisma na combinação impossível. Nada é intuitivo e fluido, todo dia é aprendizado na vida do estrangeiro. Depois de nove anos, o sotaque em espanhol melhorou,

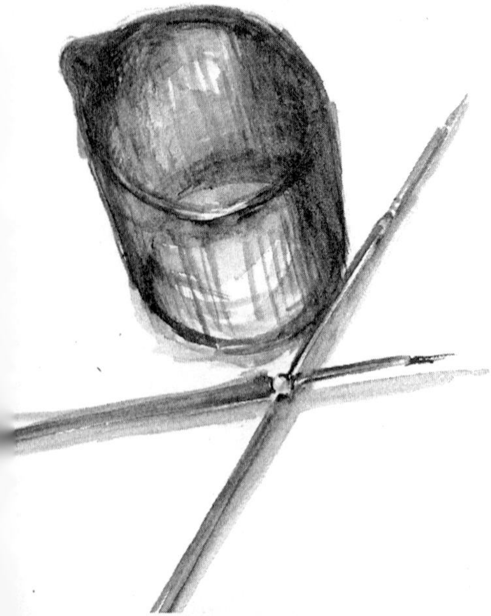

mas ainda é sotaque. Continua sendo o selo indelével na comunicação, essa cicatriz exposta para que qualquer ouvido nativo escarafunche sem dó. Na verdade, aqui e lá: numa viagem de volta a São Paulo, a filhinha do meu primo perguntou por que eu falava tão esquisito.
É o sinal mais claro de que, não importa quantos quilômetros se desloque, o seu destino é sempre um limbo linguístico... um sotaque com dois lados, que nem moeda, e um porão onde se esconde grande parte de seu vocabulário natal, transformando 75% do repertório léxico em "coisa".

Meu português só sai desse porão em três momentos, e sempre sob forte custódia: a) falar com a família por Skype; b) com os brasucas que vivem na Cidade do México; e c) para escrever desde o íntimo. Dos três, a língua machucada só sai meio imaculada no último. Bem... até mesmo aí fica claro que meu texto não é de alguém que vive em português. As gírias e expressões são de outra época, quando eu ainda não havia buceado em outros mares.

Este livro é quase como um pergaminho dos tempos modernos, dos previstos e imprevistos – desde a terra natal até o autoimposto exílio; um registro da vizinhança tensa entre o português e o espanhol, que nunca coalharam num bom portunhol. Mais que isso, é uma forma de resistência em solitário. A língua da confissão, da terapia e da raiva é, e sempre será, a materna.

¿Diez pasos entre qué y qué?

Não se sabe se é distância ou profundidade, mas são dez passos. Comprimento e largura se entrelaçam na geometria absurda dos dez passos. O espaço dança incestuosamente com o tempo, e ambos marcam dez passos. Ritmo e melodia se fundem na improvável, instantânea e metronometrada sinfonia que marca cada um dos dez passos. Todo um universo e suas incontáveis galáxias se comprimem e são pisoteados por esses pés que estão em marcha frouxa, reticente, e finalmente parados. Hoje, todo o infinito pode ser medido em dez passos. É esse insensato intervalo-período-distância-comprimento-largura que veta o nosso encontro e encarcera cada uma no seu próprio mundossolidão? Se "a felicidade mora ao lado", certamente ela não contava com ter que superar tão ridiculamente intransponível obstáculo: dez passos que insistem em não levar quem caminha ao lugar em que este gostaria de estar.

Sobre el insomnio, cremas y olores

Casi dos de la mañana y no logro cerrar los ojos. Quiero decir, los cierro, los aprieto fuertísimo, el roce de piedra sobre piedra, y no encuentro el maldito gusano del sueño.
El dulce olor que se desprende de la almohada tarda en ser reconocido por la nariz eternamente constipada. Pinche gripa permanente que emborracha mis sentidos. Sé que no es mi olor, digo, los olores de los hidratantes brasileños (¡riquísimos, por cierto!), ya que una nunca sabe al cierto como huele. Esa es una etapa superior de auto-conocimiento: olfatearse y reconocerse en las ínfimas partículas del perfume de sí.
Nunca he imaginado que de la crema antiarrugas ajena saldría la clave para abrir los herrumbrados portales de la memoria. Ese olor no sale de mi almohada, no viene de las sábanas o cobijas. Está infiltrado en mi cuerpo, gotea su fragancia desde adentro de mí y hace arder la piel del interior a la epidermis. Olor que activa una historia pasada, revive el recuerdo, realimenta una moribunda fantasía. Mierda, esa va a ser una noche larga.

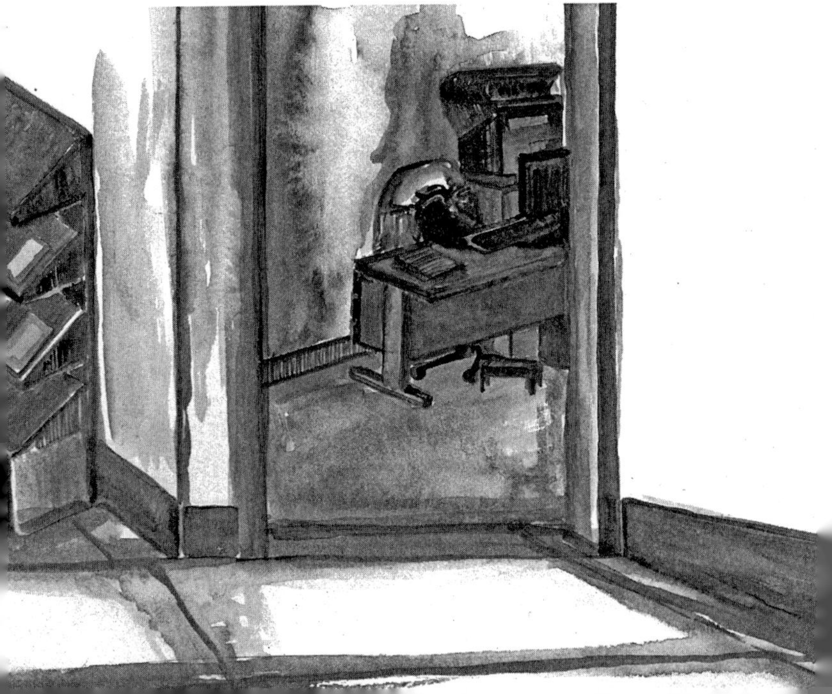

O inverso-do-anti-qualquer-uma ou uma peculiar teoria dos conjuntos

E justo no dia em que os dez passos, por fim, se convertem num respeitoso e altamente variável metro, veio a bomba. Ainda estou arrancando um por um os estilhaços da sua sinceridade cravados na minha pele. Aposto que não haverá creme antirruga que dissolva acidamente esses novos sulcos do meu rosto. De um supetão, a precária identidade desse eu confuso que me tomou 30 anos de caminho para ser tão mal lapidado, desse distorcido e mudo David de pedra-pomes, dessa massa de toneladas de defeitos e gramas de virtude, é catalogado facilmente como: a anti-ela (ou seria anti-Eva?).

Não sou ela com menos loucura e mais pé no chão. Muito menos ela com mais responsabilidade e multiplicada pelos cinco futuros filhos com netos ao quadrado. E não tenho nada a ver com uma estabilidade que se alarga ao limite superior da vida familiar. Não há gramática matemática ou aritmética linguística que dê conta de representar essa diferença. O vocabulário algébrico não consegue precisar o espaço que separa e determina a existência de dois mundos, duas pessoas (ou melhor, três mundos, três pessoas, e que não conformam um triângulo). Nessa amorosa teoria dos conjuntos, o "inverso de" não é função de ninguém. É o que está e pronto. É o que tem que estar (e não o que contém o que ela nunca teve). Desse momento em diante, o que virá é todo um universo de possibilidades que não se contenta em ser uma mostra tosca do anti-qualquer-uma. O que virá é mais que a intersecção de dois corações pisoteados. Muito mais que a somatória de dois ombros que se consolaram como souberam. Será a união/unión/fusão/fusión daquilo que estamos, de maneira compartida, aprendendo a ser. E será único, irrepetível e incomparável.

Señorita Troncoso: horóscopo personalizado

Los virgos nacidos en el primer decanato del signo se darán cuenta que ese final de mes de julio es especialmente favorable para el amor. El planeta Marte está formando un ángulo harmonioso con Venus en tu mapa astral. El mensaje es claro: abra tu corazón para bienvenidas sorpresas. Hay que aprovechar que estás radiando un magnetismo personal único y aceptar lo que surge de bueno en la órbita de tus relaciones. No es el momento para desconfianzas, incertezas o ponderaciones innecesarias: el "no, pero sí" debe ser puesto en un cajón y olvidado. Consejo del día: lánzate al nuevo que viene, el futuro promete frutos. En la peor de las hipótesis, vas a pasar un rato de lo más entretenido.

Lelya Melódica: horóscopo personalizado

Una tempestad cósmica riega de polvo celestial la atmósfera terrestre en ese 26 de julio. Los nativos del signo de virgo, especialmente los nacidos en el cono sur, serán directamente afectados por la inestabilidad traída por esa tormenta estelar. Es uno de estos días para estar tranquilo en casa, terminar aquella novela que desde hace tiempo está olvidada, arreglar el armario, ordenar el iPod (catalogar, por fin, aquellos 44 álbumes que aparecen como "artistas desconocidos"), quizás marcar a un amigo y poner la charla al día o más bien aprovechar las facilidades tecnológicas del siglo XXI y pasar un rato en el Skype. El amor sigue en alta, disfruta.

Trânsito pessoal

Desça engatado, coração.
Desconfie das curvas sinuosas do caminho.
No fim, sempre há escombros na pista.

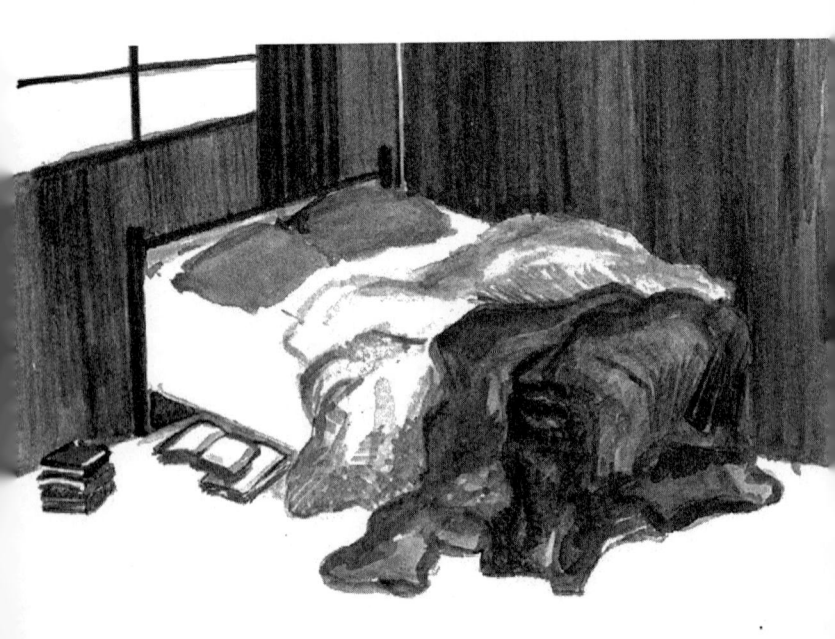

Fiesta de disfraces: sketch cibernético-latinoamericano

Personajes: Chilena Tierna con Desconocidos (L) y Brasileña Francamente Ilusionada (M).

Escenario: una mañana de lunes, en la cual L se despierta y M está claramente procrastinando delante de la elaboración de su tesis. Dos computadoras. Cinco mil kilómetros de distancia. Chat del Face prendido. Ambas online.

M – ¡Hola, linda! (escribe) Luz del día, brisa fresca que conforta el viajero, musa inspiradora de poetas de todos los siglos y geografías (exagera en pensamiento).

L – Hola. (escribe escueta y apurada).

M – Blablablablablablablablablabla (tratando de ser encantadora y divertida, sudando un poco).

L – Bla (¿precisa, al punto, tal vez un poco seca???).

M – Blablablablablablablablablablablablabla (encantada, absorta, rendida).

L – Blabla (¿con más confianza?? ¿Será que está abriéndose el "corazón muralla de Jericó"???)

M – Blablabla... pero, dime algo: ¿sigo en el mismo nivel de las amigas a distancia o algo ya ha cambiado en mi status?? (escribe arriesgándose).

L – ¡Pucha! aún amiga a distancia creo (dice usando las palabras como cuchillos sanguinolentos).

M – ¿Tanto esfuerzo no fue recompensado???!! El mundo es realmente un lugar injusto (sufriendo, pero con una puntita de esperanza, al final es la última que muere).

L – Te encuentro muy interesante sí, y creativa y me encanta leerte (tratando de ser amable, pero todavía con el cuchillo en manos).

M – Hum... (tomando aire para recuperarse del puñetazo en el pecho).

L – Pero no en el sentido romántico aún (golpe de misericordia).

Se escucha de norte a sur del continente el crack de un pobre corazón roto.

M – Bla (escribe con el ánimo mortalmente afectado).
Hey... ella dijo "aún" (lee, relee, piensa, repiensa. Checa su diccionario de bolsillo.

Aún: todavía, hasta ese momento). Entonces, entonces, entonces, ¿será que en futuro eso puede cambiar? (la esperanza perpetra milagros y forja una sonrisa en medio a tantas adversidades).

Moraleja: Donde hay un "aún" hay esperanza. Y nada como esperanza para que la fantasía siga suelta, volando alto, libre e inconsecuente. Como debe ser.

Títulos alternativos:

En un reino distante, la casi historia de amor entre la princesa posmoderna y la amazona decimonónica o *¿Aún?!?!*

Enquanto isso no cinema...

Sentadas a dois palmos de distância. Três comentários triviais. Um sorriso fortuito. Apagam-se as luzes e o silêncio obedece a tendência. O filme – ah, o filme! –, história pra lá de mundo cão baseada em fatos reais, o mais contraindicado em casos de paixonite crônica num domingo à tarde. Mas o foco de cena é outro, o que está no telão é distração: a ação se desenvolve mesmo (ou não) na plateia. Lado a lado, tão pertinho que cada vez que uma coçava o rosto a outra escutava amplificado infinitamente o roce de pele com pele. Quer dizer, aquela que estava incubando o vírus Paixinococus eminentis era mais sensível a esse tipo de sintomas. A outra estava somente aplacando uma comichão bochechística.

Nessa sessão, uma vez mais, isso foi tudo. Era óbvio – era? Quem sabe, para a próxima, ao menos duas mãos afobadas se esbarram dentro de um pacote inflado de palomitas. Quem espera sempre alcança. Quem dera haja esperança.

***

Hoy me caí de la bici por estar cantando a Violeta Parra. Ya no vuelvo más a los 17 o a usar vestidos por un buen rato.

Três comentários tri-viais

1) em lotação de mãe sempre cabe mais um;
2) a pressa é inimiga do busão; e
3) quem pedala sempre alcança.

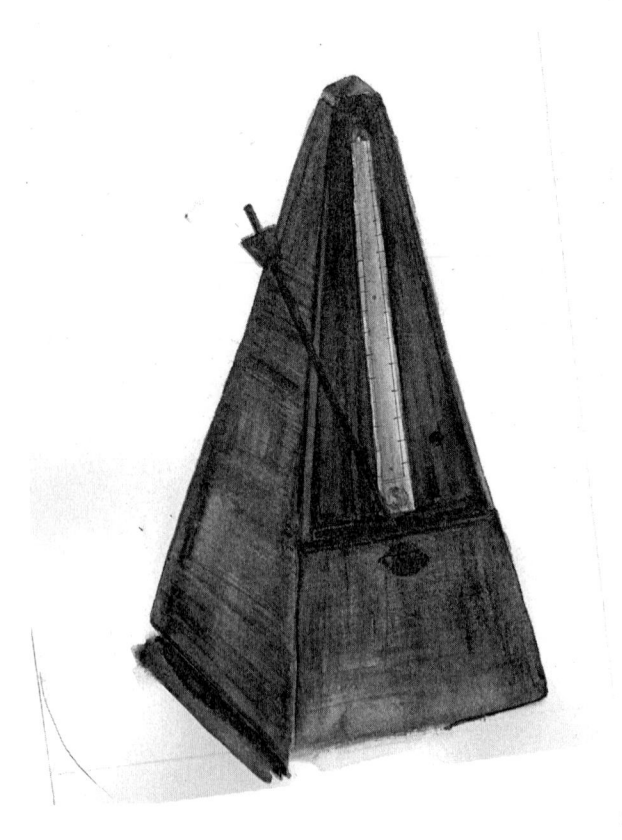

O cortejo

E já se vai um mês. Contadinho, contadinho. Um mês inteiro de cinema e café, cinema e café. Uma mostra de cine russo dos anos 20 regada a espresso italiano. O ciclo de cine francês contemporâneo e litros de cappuccino. A mostra internacional da Cineteca vista de cabo a rabo, e o insosso e inseparável cafezinho americano. Mas eu tenho paciência. Como se diz lá na minha terra, água mole em pedra dura tanto bate até que fura. Vem aí o ciclo de cinema documental e da minha mão vai sair o drops que te manterá acordada durante toda a sessão...

Ir ver ciência

Em reverência
Se dobra
A séria ciência
Ante tanta
Irreverência

        ***

E se Alice ruir?
O sol vai fugir.
A água partir.
O ar congelar.
E se Alice ficar?
O mar vai rachar.
A sereia fingir.
A estrela cair.

E se Alice Ruiz?

Haikai caipira

Per ti
Faço versos
Perversos

Erasmo Carlos e o Facebook

É dessas alegrias simples, sabe?! Você tá lá, batalhando para que daquele artigo saia algo decente, lutando com o tempo e finalmente matando o danado no chat do Face. Você tá lá, esperando que alguém te pesque na lista dos online. Você tá lá, fazendo o tipo desinteressado, tô trabalhando duro, não tenho muita paciência pra isso, quando explode uma carinha feliz numa janela do navegador. Quer dizer, stricto sensu, são só dois pontos e um parêntese. Depois do sorrisinho cibernético, você se dá conta de que é a foto dela que tá pendurada na janela virtual. Ela, saca?! Uma foto pequenina, um polegar de rosto. Aquele rostinho miniaturizado traz de fundo uma festa (o que será que estão celebrando?! nem sei se me importa...). Catorze anos depois, esse broto ressurge do nada. Ai, caramba... "broto"?! Pô, isso é Erasmo puro! E escutar o Tremendão é a nossa cara! Enfim, desaparecida, pode vir quente que eu estou fervendo, como sempre.

E todas passaram dos 30

Era um time muito engraçado – não tinha teto, não tinha nada... Era um time de futebol, ao menos oficialmente, e era engraçado. Digo, de maneira efetiva, que quem passou por ali sabe que não foi só isso.

A convivência extrapolava as quatro linhas das quadras, os saltos sempre foram mais altos que os malditos cones de treinamento, e o peso de ganhar uma partida era um grama da dieta de uma adolescente anoréxica se comparado aos excessos de euforia ao se divertir tendo como pretexto o prazeroso esporte bretão. Aliás, o esporte já é brasileiríssimo, não?! Aqui não se respeitam direitos de propriedade, queridos. O futibas é brasileiro por usucapião.

De todas as histórias bem e mal contadas, de todas as bebedeiras que se multiplicaram em pérolas do nosso diário coletivo, de todos os personagens que fomos e criamos; de tudo isso – de tudo-tudinho –, o que ficou tatuado no avesso da pele foi crescer desse jeito mais maroto e brincalhão. Crescer fazendo de conta (mas que é pra valer) que a camaradagem do jardim de infância não tinha prazo de validade. Crescer provando, ano trás ano, que não pode criar mofo e apodrecer aquilo que une uma dezena de mulheres, seu piso comum: sangue, suor e cerveja.

O lúdico é sério. É a soma do "ser" e do "rir". Infinitivo de um e primeira pessoa do singular, do presente do indicativo, do outro. Veja só: SER + RIO. Ser, em sério, só pode se dar se rio. Crescemos bem, meu bem, porque soubemos driblar envelhecer. E isso não é pouco, já que todas passaram dos 30.

Primer movimiento: deliciosa impertinencia (Allegro ma non troppo)

Bueno, he despertado como el propio monstruo de la cruda, pero ¡qué rica cruda! Tuve que salir volando para agarrar mi playera y el número de una carrera que corro mañana. Mientras iba en la bici, pedaleando recuerdos recientes, imaginé un diálogo absurdo de un futuro tan lejano como improbable. Dos abuelas de mismo nombre y (pos)modernas – ya que no hay abuelos en la historia – deciden platicarles a sus nietos la romántica noche en la que el cupido les lanzó sus traviesas flechas. En una fiesta en el depa de unas amigas en común, Mónica y Mónica, ya bastante avanzadas en el tema borrachera de viernes, empiezan a mirarse con hambre. Ese hambre de piel y sudor. Hasta ahí, nada inédito. O al menos nada nuevo por parte de Mónica, la hambrienta. Pero resulta que fue la otra Mónica quien, en un movimiento tan abusado cuanto sexy, desliza la mano de lo que era una caricia amistosa (¿?) desde el cuello hasta la teta izquierda de la otra.

Para que quede claro el desplazamiento sabrosón
y desvergonzado: una sentada, otra en pie,
manita tierna de una alisando la parte detrás de la
cabeza de la otra, luego el hombrito, luego parte
del brazo – y todo ya por debajo de la playerita
– cuando vino la jugada decisiva. Mano en la teta
izquierda. Fuerte y definitivamente atrapada, la
chiche del lado del corazón saltó cual rana. El
pezón plácido se puso alerta, fuera capturado.

Segundo movimiento: amor de inodoro (Allegrissimo)

A porta não trancava por dentro. Diz que foram ao banheiro para que uma cuidasse da porta enquanto a outra fazia xixi. Diz que. Chegadas ao pequenino cômodo, roçar-se era obrigatório pelo espaço apertado. Talvez seja puritano tratar de justificar o começo da pegação pela dimensão do banheiro; na real, o trem era até grandinho. Enfim, se agarraram. Boca buscando boca. Língua no pescoço. Mão na bunda. Coxa com coxa. Tudo meio sem jeito, descoordenado e apavorado. O álcool é foda para amantes que ainda não sabem as manhas do corpo do parceiro. De repente, tudo parou. As duas sérias. Mónicas precisavam mijar de verdade. Mónica foi primeiro, sentou no troninho sem tomar as medidas de precaução com as quais se massacra toda menina e que viram um hábito esquisito durante a vida inteira da mulher: não sentar no vaso jamais!! Você tem obrigação de ficar naquela posição vulnerável com a bunda empinada e sem tocar em nada, sempre vítima de um restinho do jorro amarelo quente que escorre pela perna. O que era pra ser nojento na verdade foi sexy pacas. Mónica não aguentou escutar o barulhinho do encontro das águas e descuidou da porta. Saiu quase correndo, mas não conseguiu meter a mão para reter parte do xixi de Mónica, como foi improvisadamente planejado um segundo antes. A fonte secou. O tesão aumentou. Mónica seguia sentada, agora com Mónica aos seus pés, tratando de encontrar um ângulo que fosse mais cômodo para chupá-la. O ângulo nunca foi encontrado e essa chupada a meias custou a Mónica dois dias de dor na mandíbula.

Rebequinha, meu des(a)tino

O começo foi meio morno, mas depois a caldeira ferveu.

Não é mudez, é velocidade negativa de palavras.

Dois goles mais do joãozinho caminhador e caí na real. Precisava de um plano C. E como dizem por aqui, la tercera es la vencida. Assim foi.

Mas o que vale é sentir a brisa antes do capote, não?!

Pujança materna

A geração da minha mãe é a última. Com ela acabou essa cepa de mulheres para quem não existe tempo ruim. Pintou um problema?! Arregaça-se a manga e bora resolver, e isso com um sorriso de ponta a ponta no rosto.
E tem mais: elas sabem de cor e salteado que se é grande é grande, e o que é pequeno, pouca porcaria deve de ser. Ou seja, se o pepino é importante, não adianta estar de chororô por aí, o negócio é matar no peito e sair jogando. Com essa mulherada não tem dodói. Adoro que a minha coroa tá chegando na área justo quando tenho que renovar o passaporte, tirar a carteira de dirigir mexicana e arrumar a infiltração do banheiro. Agora já não dá vontade de me matar saltando do criado-mudo, tenho a barra da saia da mamãe para chorar.

Dentro fora

Levantar e sacudir a poeira, que amanhã é sexta e tristeza esbarra sempre nesta fronteira d(e)a quinta. Mas que tem dia que a vontade é desaparecer, ah tem. Experimenta escrever qualquer trem com o dicionário aberto, ter uma febre e ninguém para passar o antitérmico. Ser estrangeira 100% do tempo.

Francesca-Furacão

Manja aquela mina arrasa-quarteirão-destroça-coração?! Então, Francesca é a rainha. Preste atenção, se pronuncia FranCHEsca.

Vale dizer que a mocinha em questão é do tipo "she has brains", sim, sim.

Entre mortos e feridos, só sobrou a vontade suicida de estar de novo na rota desse furacão, ser arrastada quilômetros a fio e, depois da tempestade, ao ser despejada num canto qualquer, ligar para as amigas, marcar uma cervejinha, contar o "causo" entre lágrimas e jurar cruzando os dedos que foi a última vez que você se meteu com uma dessas mulheres que na verdade são um fenômeno da natureza.

Garantía

Tantas cosas que contarte, pero me las guardo.
No hay secuestro sin rehenes.

Ecuador

Era uma vez um país charmoso e pequenino. De um lado, o hemisfério sul o abraçava e, do outro, o norte lhe fazia coceguinhas, mas daquelas que doem. Nesse país tinha algo bem esquisito. Todo o pessoal era desse moreno-dourado que parece ter luz própria, falava espanhol ou línguas misteriosas pra gente, mas usava um bilhete verde como dinheiro. No danado, vinha escrito In God We Trust. Mas como raios isso acontece?! Essa história de bilhete gringo circulando em país latino-americano tá mais pra coisa do capeta do que pra meter God no meio. Afinal de contas, money que é good they num have.

Apat(r)ia

Terra brasilis,
minha amada procrasti-nação.

Por que (no) hablamos de cejas

Si hay una curvatura en la mujer que no fue debidamente cantada por el poeta es la de las cejas. No es fácil acordarse de ellas cuando se tiene, por ejemplo, el suave recorte de la cintura como competidor de peso en las atenciones del observador. O aquella curva voluptuosa al fin de la lumbar, laureada en un sinfín de canciones brasileñas, desde la acatada marchinha al sensual samba pasando por el desbocado funk carioca. Y hablando en boca, los más tiernos buscan siempre celebrar a la curva labial que se arma en la sonrisa de la mujer amada. Pero hay una injusticia lírica que se arrastra en los siglos del recuento de los versos dedicados a la belleza femenina en sus múltiples vueltas: las cejas. Las cejas arquean al cielo la vitalidad femenina, son la bóveda sin pilastras del ánima de la mujer.

El casi romance entre un corazón de plata y uno de vidrio

¡Atención, señoras y señores del publico! Está por empezar el segundo round de la pelea afectiva del año! Del lado izquierdo del ringue está él, el imbatible, el indomable, el tantas veces vencedor: Corazóóóóóón de Plataaaaaa! En el corner opuesto, aquel que fue golpeado y derrotado por puntos en el primer round. Él, aquel que no desiste, aunque se astillase una y otra vez. El frágil e incansable: Corazóóóóóón de Vidrioooooo!

Corazón de Plata. María Laura, aquella que transforma plata bruta y dura en artefactos tan delicados que, comparados a ellos, la materia de los sueños es de lo más denso y pesado. ¡¿Cómo no enamorarse de una chica que se dedica a crear, del tóxico metal, joyas que van a embellecer a otras chicas?! Es más que mágico tener como trabajo el hecho de dedicarse a la multiplicación sinfín de la belleza, y de aquel tipo más chingón porque se la puede vestir y desvestir. Aunque hay que aclarar que esas otras chicas, por más que se adornen, jamás llegarán a la perfección del tímido encanto de esa pequeña argentina que insiste en guardar sus trazos de muñeca tras unos lentes de armazón negros y gruesos, como los de un notario cincuentenario. Ojos chispeantes aprisionados tras esas barras de plástico oscuro. Pues, es la moda hipster, no?! Ni modo.

Corazón de Vidrio. Monika, aquella que transforma gráficos en poesía de quinta. Curvas que suben y bajan con la lógica de lo absolutamente aleatorio tienen que ser explicadas. "¡It's the economy, stupid¡" A huevo se necesita de un economista, sino ¿qué uso socialmente útil le daríamos a todos los encorbatados que balbucean pseudo-ciencia entre una novela mexicana y otra todas las noches? No que sea demasiado útil lanzar enigmas insondables para la población como: debido al desplome del Merval tenemos una asombrosa caída de 11.47 puntos en el riesgo país, lo que contamina las demás bolsas de la región. Así de injusta es la vida. Unos se dedican a embellecer el mundo. Otros, a cagarlo. Y otros aun, los economistas, les toca a la humillante tarea de justificar "científicamente" la cagada propia o ajena.

La lucha: El primer round fue de lo más previsible. Corazón de Plata con dos directos de derecha atonta su contrincante y se va. Se fue. El segundo round promete ser más parejo. Corazón de Vidrio ensaya un habilidoso juego de piernas, pero cero comportamiento ofensivo. La timidez no es el arma más recomendada en ese tipo de embate. A su vez, Corazón de Plata sigue con la agresividad bien calibrada. Siquiera pierda usted su tiempo buscando, pues el resultado de la pelea no saldrá en el periódico de la mañana de domingo. Nocaut de amor no es noticia.

De los amigos que se van, de la voz que llega

Sí, hay días en los que es difícil seguir pa'delante o pa cualquier lado. La tortuga perdió una amiga, no era cosa material su bicicleta. La Verde, o el Gare, pues fue adquirida en una venta de garaje. No era la favorita de la vida, pero era la favorita del mes, de la semana, del día de su desaparición. No era cosa material, era la favorita. La amiga favorita. Aquella que la acompañaba en las noches por el D.F., aquella que cargaba el peso de los planes hechos al sonido de la ronca voz de Elvis. Pues, la bici ya no estaba y la tortuga tuvo que caminar los pasos del ciclista fracasado que regresa a su casa sobre sus patitas.

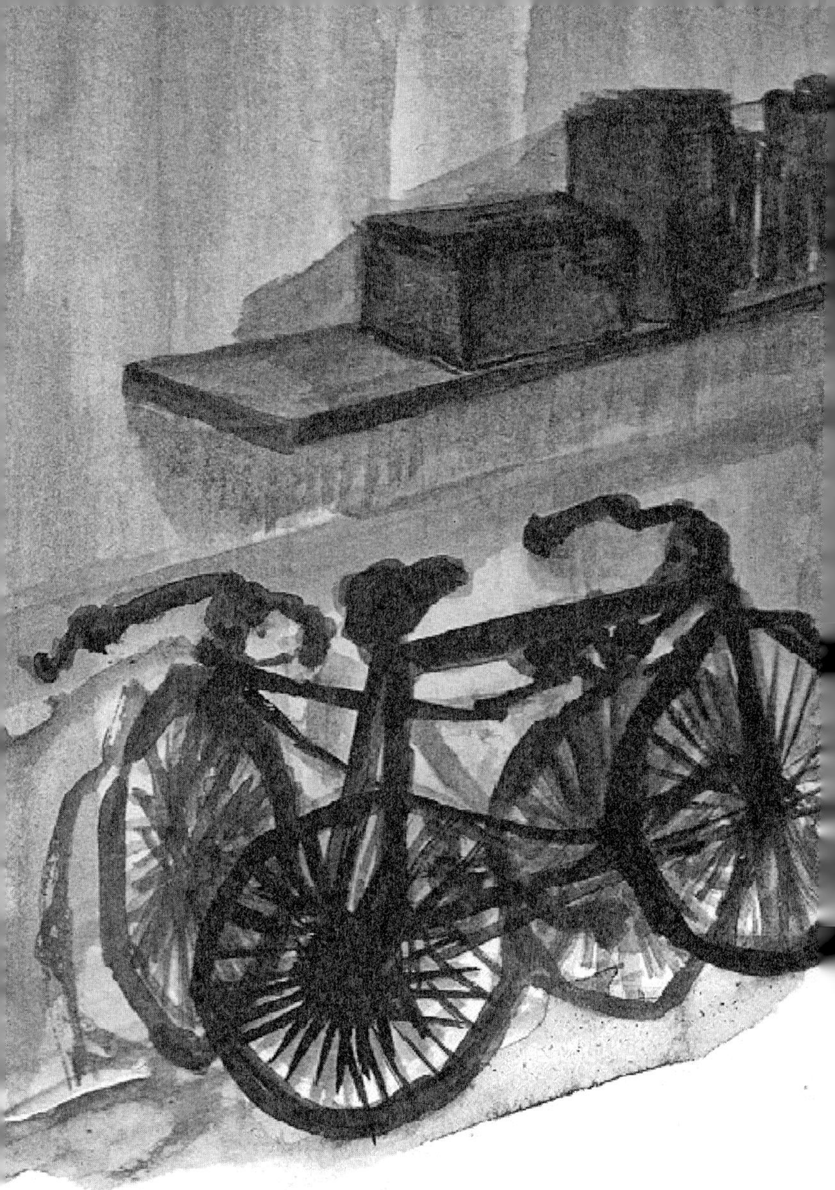

Basura, chocolates y ninguna carta de amor

Hoy es el gran día! La jirafa vuela del nido materno. Un momento, ¡¿a poco jirafa vuela?! Esa vuela, y vuela alto. Casita nueva, barrio nuevo, caminos nuevos para perderse, encontrarse y viceversa. Y por hablar de esa rara sesión de objetos perdidos y encontrados de la vida misma, en la semana le tocó a la jirafita una involuntaria inmersión en el pasado. Una mudanza siempre implica cajas, limpiezas, más cajas, paciencia, otras cajas, y el inevitable encuentro con las huellas de la historia que ya no está. Entre tanto, al remover sus pertenencias de otras eras, ella le comentó a su inseparable tortuga que encontró pura basura, chocolates y ninguna carta de amor. Lo que causa más sorpresa no son los chocolates – fugitivos supervivientes de la maxi-escapada de la dieta de 1997 – sino la ausencia de cartas de amor. ¿Cómo es posible que alguien no tenga una notica romántica siquiera en el fondo de un cajón? ¿Es posible la existencia de un armario que no esté poblado de amores derrotados que en las líneas de un papel sin el update adecuado quedan inmortales en promesas tiernas? Pues, parece, sí es posible.

O le mintieron a la buena y cándida tortuguita con el descaro de una monja: no hay como comprender que uno no guarde ese puñal afilado que es la carta de amor de alguien que ya se haya evaporado de nuestras vidas. ¿Con qué se auto mutila la jirafa en las nostálgicas noches de borrachera solitaria si no con esa daga en forma de palabras? A lo mejor ella cree que el pasado queda sepultado cuando uno no conserva esos caprichosos tokens. Que no se revive el dolor si escondemos la cicatriz.
Puro cuento. Cualquiera de los animalitos de la sabana bogotana sabe que no va así la vaina. Quien se fue siempre estará. El fantasma de las relaciones rotas reencarna repetidos rounds (!) en uno mismo. Vaya karma!

Nuevo. De nuevo

Remordimientos de hoy.
Remierdamientos de mañana.

De pibe a vato: América Latina num suspiro

Es de esos amores persistentes, que vienen y se van. Pero siempre están ahí. É desses amores que marcam a pele por dentro, tatuagem intravenosa. Assim é o nosso caso, continente batido e abatido. O chamego começou faz um tempo danado, lá na pontinha do sul onde guri virou pibe. E se multiplicou com os passos, como agora que guri é vato. Mas sempre moleque é moleque, isso não importa nem onde, menos com quem. Terra-moleca, e eu perdida no teu relevo.

Ela escolheu a realidade das contagens de estoque

Ai, girafa, girafa, girafinha. Entre ser musa ou rascunho de empresária, você optou pelo segundo. Tava o convite aberto: inspirar. E te seduziu mais a segurança dos envelopes fechados, uma conta que invariavelmente chega na mesma data (fechada?). O que te intimidou? Será que foi tão assustador o medo de se perder na curva? De cruzar o istmo?

Coseno

De todas las veces que he fantaseado con conocerte el cuerpo, en ninguna había otro testigo que no la luna. Digo, ella estaba ahí, pero también todo el grupo de amigas que tomaban pollas como agua en el desierto. Que quede claro que no es moraleja rancia y anacrónica. Jamás me quejaría de ochos pares de tetas jugando alegremente en la piscina y cubiertas nada más por las estrellas – y por la arboleda del naranjo a lo cual le secuestré tres hojas. No se trata de eso. Lo único es que me agarró desprevenida tu desnudez. Mis ojos trataron de todas formas de escaparse de la trampa, buscaron otro destino en la noche que no tus curvas. Pobres estúpidos, jamás atinaron con la tarea. Se resbalaron una y otra vez con la silueta que las manos no se atrevieron a dibujar. Ojos ineptos, manos torpes. De todas las veces que he fantaseado con conocerte el cuerpo, jamás se me cruzó por la cabeza la idea absurda de la distancia. Nunca te tuve tan cerca y en absoluto tan lejos. Estabas como ausente, y no

porque te callaras. Estabas ausente por distraída
– y querer es concentrarse en los detalles.
Aunque tuve tu seno apretado en mi mano
izquierda, carne blanda de poesía muerta, eso no
significó nada. Nada. Coseno que se convirtió en
tangente. Nada. Sumatoria de ceros absolutos.

Mood

A gaveta do banheiro e o universo, vistos pelas cores de esmalte Colorama: 40 graus, algodão doce, galáxia, savana glacial y mostarda atômica. Hoje vamos de nariz de palhaço.

Colombia

    Às vezes, é tanta a ansiedade que, antes de você chegar, já me despedi. É essa pressa mal dirigida da minha insegurança que sabota cada passo e amarra sorrateira os cordões dos meus sapatos. Pra te conquistar, inventei todo um mundo. Palavras e palavras somadas, encaixadas, articuladas só pra ti. Só pra te fazer sorrir. Narrar para conquistar pode parecer mesquinho, prepotente. Mas, pra mim, só era divertido. Me divertiu tanto construir a saga da girafa e da tartaruga. Imaginar a savana bogotana e me equivocar tão rotundamente pensando nela como um lugar muito quente. Também me entreteve muito isso de te adivinhar, te mal adivinhar – horóscopo ruim de jornal barato –, e exagerar essa profecia-cruzada de ti num personagem de zoofábula. Nesse caminho ganhei um país. A vontade de conhecer esse lugar onde tanto bexigas de festa como morteiros de guerra se chamam "bombas". Só mesmo aí para uma só palavra amarrar destinos tão díspares como os da celebração e da tragédia. Pena que já acabou. Não esteve e já se foi. Impossível calcular a velocidade de um suspiro. Ou delimitar a área de um sonho.

Meta

Física
Tarefa de casa: calcular a velocidade de um suspiro.
Matemática
Tarefa de casa: delimitar a área de um sonho.

Dilúvio

Um bom título para um romance apocalíptico: "A vida, o que resta dela e os 250 bombons de cereja da Kopenhagen". A desenvolver...

Flujo

Y recobra la fe en la humanidad cuando, en un semáforo, un total desconocido le abriga a uno y a su bici bajo su paraguas.

Fosse

E se Esther Góes e Tom não Waits?!

Espetáculo

Conheci você assim, meio ao acaso, jogadas na arena do imprevisto. Amiga-da-amiga-da-amiga-da-amiga. Festa, bebedeira, a sapataiada reunida praquele desperdício, pra jogar conversa fora sem culpa ao som de Blondie. "Heart of Glass" foi premonitório, mas quem presta atenção em profecias de iPod? Foi rápido e curto. "Amor da vida" que dura uma matinê de fim de semana. Nada mais típico a cancerianas que se entregar com tudo à primeira menininha bonita que joga um charme. Camicases afetivas são essas senhoritas, isso sim. E eu tô bem embolada no meio delas.

Te vi e já sabia: como o plano meticuloso de um edifício que vai ao chão porque foi toscamente executado com a areia da praia, o nosso seria tiro e queda. E que queda. O que era ontem uma boa intuição hoje virou aquele incontrolável borrão de aquarela. Não adianta tentar dar forma com o pincel, a gotinha d'água a mais já cagou tudo. Tentei, tentei, tentei remendar a situação, te reconquistar em mil abobadas acrobacias. E o único resultado foi o cansaço do palhaço, a câimbra da bailarina, o sobrepeso do faquir.

Tão impensável e fora de lugar como o cansaço do palhaço, a câimbra da bailarina e o sobrepeso do faquir.

Separação

La lozanía de las manos era su última posibilidad de acariciarse el alma mutuamente. El último gesto de entrega, de complicidad, de amor. Sentir la piel de los dedos ansiándose dulcemente...

El resto conversaba indemne a esos latidos ocultos antes de la pausa. Todos amigos, todos apoyando a alguien que partía y regresaba en unos meses en el peor momento del divorcio.

El taxi se detuvo, las manos se escondieron, los latidos se turbaron... Y se dieron el último abrazo externo e inocente de despedida. Y se sintieron en lo íntimo por completo tratando de no evidenciar el secreto.

La caja de Pandora

"Y eso no estaba en los planes de ninguno de los dos…"
Los Rodríguez, "Buena Suerte"

I
— Esa relación se fue a la mierda!
— Volverán, estoy segura.
— No volveremos y el resto no tiene idea de nada de nosotras.
— Puede ser que nadie se haya dado cuenta, pero si se enteraran será caótico. Terminaste com tu pareja hace una semana y todos somos amigos de todos.
— No será caótico, la neurosis chilena te altera y hace ver cosas que no son.
— Puede ser, no niego lo que sentimos, pero es difícil… y ¡no sólo por tú pareja!
— Ya no es mi pareja!

II
Sólo se vieron dos veces, hablaron por teléfono otro par de veces y se escribieron mails con fines prácticos antes de compartir el mismo departamento.

Espontáneamente surgió la complicidad amiga y la charla recíproca. La sutileza de las palabras que no necesitan reelaborarse ni explicarse para entenderse fluía siempre animada y risueñamente.

Aun cuando dejaron de compartir sus hogares, cada martes y cada jueves sabían que terminarían la jornada laboral con un cigarrillo conversado mirando los árboles de la universidad. Cada fin de semana existía la posibilidad de reír o llorar con una película en la Cineteca. Cada vez en cuando se telefoneaban para compartir algún secreto, alguna inquietud intelectual, un apoyo emocional que les permitiera vivir en la extranjería autoimpuesta.

III

La fiesta estaba que ardía, el cumpleañero estaba eufórico, los vecinos disfrutaban que los extranjeros fueran tan chilangos y que sintonizaran rolas de Panteón Rococo, mientras cantaban a coro "hoy mi cuerpo necesita de ti, saber que la dosis perfecta está en tus caderas". Los estragos del alcohol comenzaron a hacer efecto. Los vecinos se fueron, los amigos se despidieron, los borrachos se durmieron…

Más Blondie! Más Blondie!

No hay más Blondie, pero hay más Abba…

Eeeesssoooo!

IV

(Como todo brasileño, tenía un sabor, un brillo, un encanto especial. Podía estar despotricando contra el mundo pero sonaba divertido, inofensivo, travieso.

Como todo chileno, era sombría, malhumorada, poco diplomática y criticona. Sus quejas sonaban pesimistas, salvo cuando algo fluía y estaba feliz o en paz a profundidad.

Paulista, trabajólica, curiosa, desprendida... Su inteligencia se combinaba de manera exquisita con su simpatía. Lectora imparable de literatura latinoamericana, preocupada por mantener pese a todo la cordura, su gesto más lindo era mirar al techo mientras sonreía coqueta. Nunca lavaba los platos, nunca hacia el aseo, pero su diafanía la ponía por sobre sus vicios domésticos.

Santiaguina en crisis eterna, insegura, afable pero con demonios que se salían de cuando en cuando. ¡Ay de quien se atravesara en su momento de oscuridad! Por eso sus amigos la querían y muchos otros huyeron despavoridos de tal irá volcánica. Poseía un atractivo escondido en su sonrisa que podía mantener incluso cuando lloraba a mares sus dolores. Con su autoimpuesta timidez y tirria a las personas del mundo, era una persona rara para muchos.

Aunque solía ser sociable para algunas cosas, prefería vivir de ermitaña en sus caminatas y divagaciones.)

V

Por alguna razón de la noche, de la euforia, del vino, del regreso de Saturno, del despecho de una, de la abstinencia de la otra… Alguien estiró la mano acariciando lentamente con el dedo índice una blusa liviana con todas las intenciones inocentes y con todas las intenciones provocadoras.

La respuesta candente, con besos excitantes en un cuello inmaculado para el otro alguien, con susurros secretos tratando de ocultar tal gesto a los pocos sobrevivientes que iban quedando del jolgorio general, explotó.

Cayeron tabues…

Fluyeron deseos…

Se abrieron sensaciones…

Se atropellaron caricias…

El placer culpable fue disfrutado plenamente en cada respiración, en cada centímetro de piel y en cada nueva exhalación palpada…

A la mañana siguiente ella diría: la primera mano en la blusa fue tuya, pero la primera lengua fue mía. La otra respondería: despertaste

todo mi lado les que siempre he sentido tener.
La caja de Pandora se había abierto.

***

Ciranda, cirandinha
Vamos todos cirandar
Pra que dar a meia-volta,
se já não queremos caminhar?

Festa de aniversário

Versão brasileira Herbert Richers: "Meus queridos, obrigada por fazer deste um dia bem feliz. Nunca é fácil juntar 26 primaveras, mas vocês fizeram disso uma tarefa bico. Valeu!"

Versión chilanga: "Mis queridos, gracias por toda la buena vibra. Fue esencial el apoyo para cruzar el marco de los 24 años. Gracias!"

El novo esperanto: "Llegar aos 22 fue lindo demais, obrigracias."

Já era

O olhar triste que fuzila o céu amigo
Não me causa medo
A expressão amargada, aborrecida com o mundo
Não me assusta/Me gusta
Os lábios ressecados
As pálpebras caídas
O ar de desgosto
Nada me afugenta,
Do contrário, esquenta.

Sur

Estreia de um amor-Mercosul,
desse mesmo, do passaporte azul.

Previsão de seca

E você sabe que a idade chegou quando 97% das tuas camisetas de rock são de bandas que já não tocam juntas há mais de 15 anos. Seguindo a aritmética da limpeza do armário, os teus dois pares de all star azul, imortalizados na voz da Cássia Eller, são prisioneiros que não veem a luz do sol há meses. O mesmo acontece com a tua camisa favorita. As nuvens sorrindo da estampa da camisa que a vovó Virginia te deu não são bem-vistas como o contexto meteorológico-emocional adequado para cobrir uma mulher de mais de trinta. Ela também está confinada a orbitar o universo de roupas esquecidas pela vida adulta-adulta.

Ventura

Adoro quando minto coincidências. É um pouco ser deus. Intencionalmente criar o acaso e, ainda, ser visto como uma espécie de místico.

Da fauna de Viveros

Entre os animaizinhos que fazem do bosque aqui perto de casa sua morada, uma espécie se destaca. Não são os esquilos ou as tortolitas – uma ave que parece um pombo selvagem – os que prendem minha atenção. Os espécimes mais curiosos dessa fauna são os corredores. Eles se apresentam em inúmeras variações, mas duas delas são básicas: os elegantes e os bárbaros. Aqueles que correm como se estivessem desfilando, com a passada leve e imperceptível, sem que um único fiozinho de cabelo saia do lugar, que deixam cair só uma gota de suor milimetricamente calculada e cujo percurso vai retinho bordeando a costeleta... esses são, obviamente, os Corredorius elegantis. Já aquela tropa, de passada pesada e movimento lento...

Singular

Gente favorita
y que no abunda:
hombres tiernos,
minas rudas.

Amor-maré

Sabe aquela onda que não chega a se romper na praia e o único que faz é se desmanchar com preguiça na areia? Quando a gente tinha o apezinho na av. Presidente Wilson e a diversão era ir pra praia dos Milionários – nome mais que inapropriado para a realidade da orla da baixada santista de começo dos anos noventa –, esse tipo de onda sempre me intrigava. A kitchenette das férias em São Vicente era como todas aquelas fruto da preocupação da classe média em meter a poupança em algo que oferecesse mais resistência à corrosão hiperinflacionária: um depósito disfarçado dos móveis já não usados da casa dos avós. Ninguém tinha muito carinho pelo apartamento e isso ficava evidente no jeito que a gente se referia a ele sem nomeá-lo jamais. "Vâmo descê amanhã?" "Dá praia este fim de semana?" Era assim que a viagem para a segunda casa familiar se armava.

Para além do desapego imobiliário, ficava intrigada com essas ondas que não arrebentam. Por que raios umas estouram, fazem um barulho danado, se transformam em espuma, dominam a areia e logo regressam para o mar, enquanto outras se contentam em se desfazer silenciosas, acanhadas, tratando de passar despercebidas?!

Nem rascunho de hipótese. Mas finalmente consegui fazer uma ou duas analogias bem chinfrins com a curiosidade marítima. Fim de caso à la onda que arrebenta, arrastando tudo e todos com ele. Chifre, corno, chapéu, touro e mil e uma variações para uma cagada monstruosa que explode uma relação. Ou aquela que vai se apagando aos pouquinhos até desaparecer por causa dos anos de convivência, das manias duplamente acumuladas, da rotina massacrante e do sexo pisca-pisca (você pisca, logo eu pisco e acabamos dormindo diante da TV sem dar sequer um beijinho).

Com a girafa não foi nem uma coisa, nem outra. O mar simplesmente não estava pra peixe, e menos pra tartaruga. Tudo ficou na promessa não cumprida desse amor-maré. Ou, como cantavam Luan e Vanessa com aquela voz adolescente no grande clássico do coração partido juvenil, "O seu nome eu escrevi na areia, a onda do mar apagou". Mas nem teu nome eu escrevi, porque pra mim você é só "girafa".

Ainda sobre o iPod...

De todas as ideias que parecem geniais, mas que, quando postas em prática, revelam todo o poder da sua estupidez, hoje nasceu a campeã. Foram superados tanto o pão com paçoca da infância como a pizza com estrogonofe das últimas férias. Isso de correr escutando audiobook não presta, não. Blondie a todo volume é o sopro nas costas que te empurra do terceiro para o quarto quilômetro. Debbie Harry é essa fadinha improvável que mora nos Viveros de Coyocán e se dedica a limpar o caminho dos corredores matutinos. Já Fernando Pessoa no iPod...

Tierno

Mi amor es así crudo. Amor-aguachile, chingados.

Gigante

Kim Deal. Pra bom entendedor,
meia palavra bass.

Aos berros no auditório

— Você troca a tua psicanálise de quinta por um amor platônico de primeira?!
— Sim!
— Você troca o teu amor platônico de primeira por uma relação "você traz a coca-cola, eu tomo"?!
— Não!
— É com você, Lombardi!

A volta completa

I love you. I leave you. Alívio.

Prosa

— ... e foi assim.
— Foi? O que foi?
— Pô, faz mais de meia hora que eu tô te falando dela.
— Ai, repete. Foi mal.
— Saco, lá vai então. Era uma vez um nobre coração expatriado que morava abaixo de uma cabeça neurótica. Vizinhança tensa. Um sempre reclamava do volume alto depois das dez da noite. O outro não cansava de encher o saco por uma infiltraçãozinha no banheiro. Enfim, o coração teve que ir embora, mas esse vizinho não deixou ele ir sozinho. Esse parzinho do barulho não parava quieto até que...
— Mano, tá difícil de acompanhar o que cê tá falando. Já sei por que me perdi na primeira vez.
— Então, não me escuta e foda-se. Vou contar do mesmo jeito.
— Que puta mau humor, hein?!
— Quem vai pagar a cerveja?
— Claro que tu.

— Quem paga chora as mágoas. É a regra desde que o mundo é mundo.
— Continua então.
— Enfim, tava tudo confuso. Misturado. Não era que a vida andasse ruim, mas quando ela apareceu tudo explodiu em primavera, saca?!
— Não, mas continua.
— Isso, só isso.
— Quem te entende?!
— Ela.

Poeminha pro Fidelix

Você do bigode pintado
Da careca brilhante
Do aerotrem, coitado
Do ódio ignorante.
A gente até se queixa,
Mas o nosso mesmo
É amar sem deixa.

Notas daquele sonho vermelho

Acabou. As palmas cessaram e esse é o sinal. Ela chegaria a qualquer momento. Aqueles cinquenta e três minutos de espera chegavam ao fim.
Ainda não, ainda faltavam dois minutos. Cento e vinte segundos, um a um marcando seu passo, martelando na têmpora pregos de ansiedade cronometrada. No escuro, sentada no escuro de um camarim vazio esperando que ela chegasse. A ideia inicial era dormir um pouco durante o espetáculo, mas o som flamenco atropela paredes, um tanque de emoção movido a corda de guitarra e com combustão de lamento andaluz. Impossível reconciliar o sono. Impossível reconciliar-se. A batida da castanhola é lenta, lentíssima. Frenética mesmo é a velocidade da mordida da expectativa, cravando esses dentes miudinhos de poodle na carne da ausência dela. E nada que acabam os minutos de espera.

Um raio cruza o camarim quando a porta se abre. Era a luz amarelo-hepático da lâmpada do corredor, forte o suficiente para, de uma só vez, arrastar pelos cabelos a escuridão pra fora.

Finalmente. Finalmente ela chegou. Carregava no olhar a espoleta de quem vem de dançar, pólvora pura de desejo inflamado. Pediu ajuda pra tirar o vestido. Uma gotinha de suor, atrevida que só, escapou numa correria desatada da nuca e foi dar naquele vale meridional que enlouquece todo e cada um dos brasileiros e brasileiras. Vale rodeado dos montículos que definem a essência do espírito nacional. Ah, gotinha safada! Nessa caída vertical você foi escorada pelas costas mais cobiçadas da Mooca e região, e sequer se deu conta disso. Uma segunda gota tava pronta pra dar a largada, mas foi aplastada. A mão que tirava o vestido sem querer matou a nova corrida. Mão torpe, toda trêmula. Baixou o zíper sem muita delicadeza, ele acabou mastigando o bordado. Bordado machucado, renda dolorida. Ela nem liga, segue de olhos fechados. Estará remoendo os passos do passado, ausente no seu próprio rememorar? Não. Ela só está de olhos fechados porque é seu jeito de se concentrar. Olhos fechados no escuro. Redundância do fechar, mas é assim que ela se concentra em si, é como sente o seu corpo e entende o que ele quer, no seu pedir mudo. Às vezes toma sua ducha no escuro, diz que pra relaxar. Mas é claro que o banho de escuro é pra se encontrar lá, ali onde nem a gente mesmo se vê.

Sílvio

E, então, num programa de auditório, o apresentador pergunta para o participante internado numa cabine surda: "você troca seus 'nãos e nunca' por 'mãos e nucas'?".

Século XXI, sábado à noite

Você é homem ou um valete de copas?
Dama de paus, meu bem.

Salvaje

De un buen amigo: "¿mataste al tigre y estás asustada con el cuero?".

Nova era

Ficou pra trás pegar carona na cauda do cometa, agora a gente quer o fisgão cósmico.

***

25 de janeiro, São Paulo
Feliz aniversário, velha senhora recauchutada. Sem garoa, sem lágrimas, sem água. Cidade maravilhosa, ainda que o título seja de outra.

Approach

— A ver, ¿qué clase de abordaje fue esa?
— Ni modo, así me salió.
— Una catástrofe.
— Ya lo sé.
— ¿No se te ocurrió invitarla al cine? ¿Un café? Un mezcalito que fuera.
— Nope.
— Torpe.
— …y borracha.

Auto da Compadre Sida
(poemário trans)

    Estava tão apaixonada pela sua própria voz que autoensereiou-se. Blablabla é amor.

(Fora de) propósito

Dela gosto dessa boca sempre vermelha, carregada de batom e de comentários perspicazes. Ela solta um "boluda, pero quien iba aguantar una historia así com diálogos?", como se fosse óbvio que Moebius não precisava de uma linha sequer de fala. Ela tem razão, claro. Mas o meu só foi um comentário pra fazer volume, desses de fim de sessão na Cineteca sem muita pretensão. Aliás, tinha veneno, sim, meu comentário: provocar que ela soltasse o "che, boluda". Adoro. Viu como eu também sou capaz de tecer minha teia de intrigas e manipular?! Nível júnior, claro. Mas manipulei ou não?!

Copia

La originalidad
no es lo mío.
Cineteca,
Vino,
Da capo,
Rebobino.

Bálsamo

En dias de amar-gura,
Amar-cura.

Portuñol

Espreguiça!
És preguiça.
Es flojera.
É pereza

Ya

Pelo loco
Ojos claros.
Lo que pidas,
hago.

Crush

Bem específico foi o pedido: que more perto, que coma carne.
E o universo riu baixinho da sua travessura.

Calavera de Knita

La huesuda caminaba
y a un perro callejero buscaba.
Sorpresa, sorpresa, en este callejón
estaba Knita, el cárdigan juguetón.
La negrita de guantes blancos
con su novio Toby se daba trancos,
cuando la Muerte llegó y a los dos cogió.
La humana de Knita,
que casi nunca se agüita,
gritó, lloró y patadas distribuyó.
La Calaca no se conmovió.
Con toda la banda del amor exigente rumbo al
panteón salió.

Body art

As coloridas, que voam na pele, eu escolho.
E as outras cicatrizes?!
Filhas do imponderável, vítimas da gravidade.

Junino

Haikai, balão
Haikai, balão
Aqui na minha mão.

Re-verso

Verso travesso que não me sai.
Menino danado,
mal-educado.
Moleque mandão,
roubou minha inspiração.
E como quem não rima arrima.
Vou nessa,
antes que me deprima.

Este livro foi composto em Georgia e IowanOldSt BT,
em papel pólen soft, para a Editora Moinhos, enquanto
Portrait in jazz, de 1960, de Bill Evans,
tocava ao mesmo tempo em que um ruído branco
era ouvido por trás de uma porta branca. Era setembro de 2018.